ELBSANDSTEINGEBIRGE

NATIONALPARK SÄCHSISCHE SCHWEIZ

SCHÖNING VERLAG

SCHÖNING & CO + GEBRÜDER SCHMIDT
An der Hülshorst 5 · 23568 LÜBECK
☎ (04 51) 310 310 0 · Fax (04 51) 31 03 130
☎ (04 51) 310 3-0 · Fax (04 51) 3 52 83
E-Mail: info@schoening-verlag.de
Internet: www.schoening-verlag.de
ISBN: 978-3-89917-134-1

Konzeption: R. Dohrmann · **Bildauswahl:** S. Gödecke u. R. Dohrmann
Texte: J. Crasemann · **Fotos:** F. Richter, N. Krüger, U. Findeisen, F. Kübler, ZEFA, IFA, S. Gödecke, R. Dohrmann, R. Kandt, J. Wandmacher, M. Walke, E. Pflug, H. Otto, W. Gorlt, R. Braun, W. Layer, Scan-Foto, H. Eduard, J. Krasnodcbski, S. E. Arndt Landesbühne Sachsen, W. Witzke, S. Karg, Natur-Film Tuschl, Eberhardt, Deutsche Luftbild.
Redaktion: R. Dohrmann, Schöning Verlag

Willkommen in der Sächsischen Schweiz

Die Sächsische Schweiz und das Elbsandsteingebirge: Eine Landschaft von absolut eigener Art. Den großen Dichtern der Romantik schien sie beinahe von Hand entworfen, sozusagen ein ideales Modell für ihre Vorstellungen von der Natur. Dabei ist das Elbsandsteingebirge weder ein Gebirge, der höchste Punkt liegt rund 560 m über dem Meeresspiegel, noch hat die Region irgend etwas Schweizerisches. Aber hier, rund um die Festung Königstein, die Bastei oder Bad Schandau, haben Maler, Dichter und Musiker die deutsche Landschaft als das Hauptthema des frühen vorigen Jahrhunderts entdeckt. Sie taten es, indem sie sich diese Region buchstäblich erwanderten. Und das ist auch heute noch die wohl schönste Art, das Elbsandsteingebirge kennenzulernen.

Der Schriftsteller Günter Kunert beschreibt das so: „Die zahllosen Wege winden sich feucht und blätterschuppig vor den Füßen des Wanderers, stets geht es um Felsecken herum. Stets eröffnet sich eine neue Perspektive hinab in enge schwarzklaffende Erdspalten oder auf das turmähnliche Gestein, das aussieht, als sei es irgendwann unvermittelt aus dem Boden gewachsen."

Die Geologen und Naturwissenschaftler sehen das nüchterner. Sie verweisen auf die großartigen Tafelberge, die freistehenden Kletterfelsen, die langen Felsfluchten, aber auch auf die tief eingeschnittenen Täler und Schluchten. Und natürlich auf die Elbe, die in zwei großen Schleifen zwischen Bad Schandau und Stadt Wehlen mitten durch diese Landschaft fließt.

Die Elbe war schon seit Jahrhunderten ein wichtiger Transportweg. Auf ihr wurden Sandstein und Holz zum Bauen aus der sächsischen Schweiz und Böhmen in die sächsischen Kernlande verfrachtet. So entstand bald eine enge Beziehung zwischen der aufstrebenden Stadt Dresden und dem Meißener Hochland. So hieß die bergige Region beiderseits der Elbe damals. Den Namen „Sächsische Schweiz" haben dann der Magister Wilhelm Leberecht Götzinger in Neustadt und der Pfarrer Carl Heinrich Nicolai aus Lohmen um 1800 populär gemacht. Sie waren die ersten, die mit ihren Schriften die Region als Reise- und Wandergebiet bekannt gemacht haben.

Die ersten Besucher kamen aus Dresden. Und unter ihnen waren auch die an der dortigen Kunstakademie tätigen Schweizer Maler Adrian Zingg und Anton Graff. Manche Kenner der Geschichte meinen, die beiden hätten durch Vergleiche mit ihrer Heimat den Namen „Sächsische Schweiz" geprägt. Ihnen folgten so bekannte Maler wie Caspar David Friedrich oder Ludwig Richter. Auch sie sind über die „Malstraße" gewandert, wie der damals übliche Weg durch das Elbsandsteingebirge bezeichnet wurde. Er führte von Dresden aus zunächst über Pillnitz, durch den Liebenthaler Grund über Lohmen und den Uttewalder Grund nach Stadt Wehlen. Der ursprüngliche Aufstieg auf die großartige Bastei erfolgte zunächst direkt vom Elbtal aus, erst später durch den Wehlgrund. Von Rathen aus wurde der Hockstein besucht, das Polenztal durchquert und Hohnstein erreicht. Durch den Tiefen Grund gelangten die Wanderer nach Bad Schandau, das zu dieser Zeit sehr schnell einen guten Ruf als Badeort bekam. Im Kirnitzschtal ging es dann zum eindrucksvollen Lichtenhainer Wasserfall, von dort über den Kuhstall auf den Großen Winterberg und über das Prebischtor wieder hinab in das Elbtal.

Dann fuhren die Reisenden zurück die Elbe abwärts bis Dresden. Etliche machten noch Abstecher auf die Festung Königstein und auf den Lilienstein. Diese Route bewältigten die Wanderer in drei bis vier Tagen. Sie übernachteten in einigen Gasthöfen, die sich schnell auf die Entwicklung der Region als Touristengebiet einzustellen begannen. Und die Bewohner dieser Region, die lange als völlig unzugänglich galt, schufen sich neue Erwerbsmöglichkeiten. Ab 1812 gab es eine Sommergaststätte an der Bastei, ein paar Jahre später am Großen Winterberg und schließlich folgten feste Häuser mit Übernachtungsmöglichkeiten und Restauration.

Mit dem Beginn der Dampfschiffahrt auf der Elbe (so um 1837) reisten die Besucher des Elbsandsteingebirges auf dem Fluss an. Und die neuerbaute Eisenbahn schuf dann ab 1851 die Möglichkeit für wesentlich mehr Menschen, Erholung und Ruhe in der Sächsischen Schweiz zu finden. In den lokalen Zeitungen tauchte erstmals der Begriff „Massentourismus" auf und Gasthöfe, Hotels und Fremdenzimmer schossen in den Orten wie Pilze aus dem Waldboden. Mühlen und Bauernhöfe wurden umgebaut, Aussichtstürme errichtet und neue Wanderwege erschlossen. Sie haben heute eine Gesamtlänge von mehr als 1200 Kilometer.
Wer es sich leisten konnte, kam für ein paar Wochen hierher in die „Sommerfrische", andere kamen mit der Eisenbahn für einen Tagesausflug. Aber wer auch kam, er erwanderte sich diese einmalige Landschaft mit den schier unbezwingbaren freistehenden Felsentürmen, den immer wieder überraschend vielfältigen waldreichen Tälern und Schluchten und den großartigen Aussichtspunkten.

Sie sind es auch heute noch, die die Besucher anziehen. Und es ist auch heute noch am besten, dem alten „Malweg" zu folgen, auch wenn heute Teile der Route (das Prebischtor = Pravcicka brana) in Tschechien liegen. Folgen wir also Caspar David Friedrich, Ludwig Richter, Clemens von Brentano, Achim von Arnim, Wilhem Hauff oder Günter Kunert, der vom Elbsandsteingebirge berichtet, dort sei ihm die wahre Ruhe und Stille dieser Welt begegnet.

Blick von der Bastei

Die Bastei ist das älteste und wohl auch bedeutendste Touristikzentrum im vorderen Teil der Sächsischen Schweiz. Nirgendwo sonst bekommt man einen solch direkten Eindruck von der Einmaligkeit dieser Felsenlandschaft, die viele Maler und Dichter angeregt hat.
Hier sind die Spuren der Zeit, die das Wasser im Laufe der Jahrmillionen hinterlassen hat, ganz unmittelbar zu erleben. Die Basteihochfläche ist durch zahllose trockene Felsschluchten gleichsam wie zerschnitten. Sie bricht in großartigen Felsfluchten zur Elbe hin ab.

Der am weitesten zum Fluss vorspringende Felsrücken ist die eigentliche „Bastei", 190 m über dem Strom gelegen. Vom Ferdinandstein (links unten) bietet sich der Blick auf die 76 m lange Basteibrücke. Die 1851 erbaute steinerne Brücke hatte eine hölzerne Vorgängerin und ist heute als technisches Denkmal besonders geschützt. Inschriften an dem Bauwerk erinnern an die beiden „Entdecker" der Sächsischen Schweiz, Götzinger und Nicolai.

Die Basteibrücke führt über die Mardertelle zur Felsenburg Neurathen. Von dort aus gelangt man über den Basteiweg nach Rathen. Dem Wanderer bieten sich hier immer wieder Aus- und Durchblicke in die grandiose Felsszenerie der unmittelbaren Umgebung. Hier stellen sich unwillkürlich Assoziationen an alpine Landschaften ein.

BLICK VOM KANAPEE AUF DIE BASTEI

Das „Kanapee“ ist ein in den Stein gehauener Aussichtspunkt. Von hier aus bieten sich dem Besucher eindrucksvolle Blicke hinab in das Elbtal. Heute sind einige der Felsnadeln als Klettersportgebiete ausgewiesen.

Blick ins Elbtal

Aussichtspunkt Bastei

Basteibrücke

Herbstliche Morgenstimmuung an der Bastei.

Wer mit der Eisenbahn in die Sächsische Schweiz anreist oder mit dem Schiff die Elbe hinaufkommt, macht als erstes mit Stadt Wehlen (1700 Einw.) Bekanntschaft. Von hier aus hat man einen großartigen Blick auf die Bastei (rechts). Von Stadt Wehlen aus ist die Bastei auch am bequemsten zu erreichen.

Imposante Aus- und Überblicke

Die Felsenburg Neurathen wurde 1469 zerstört. Heute führen kühne Brücken konstruktionen den ehemaligen Wehrgang entlang (Vorseiten), die die einzelnen Teile der Anlage miteinander verbinden.
Der massige Felsen elbseitig neben der Basteibrücke trägt den Namen „Steinschleuder." Er rührt von der Wurfmaschine her, die im Mittelalter ein Teil der Verteidigungsanlagen zum Elbtal war.
Bei Belagerung der Burg wurde mit der Steinschleudermaschine die damalige hölzerne Basteibrücke zerstört, wobei die Angreifer zugleich mit in die Tiefe gerissen wurden. Ein Modell der Wurfmaschine ist heute noch vorhanden. Auch existieren noch etliche Exemplare der verwendeten Steinkugeln, die bis zu zwei Zentner wogen. Die Steinschleuder gehört zu den Felspartien, die heute für Freizeitkletterer freigegeben sind.

Die langen Stufenreihen an der Ostseite des Felsens lassen sehr gut die einzelnen Schichtungen des Sandsteines erkennen. Der Gebirgscharakter der Sächsischen Schweiz beruht im übrigen weniger auf der absoluten Höhe seiner Felsgruppen als auf der Formen vielfalt des Gesteins. Steilwände, frei stehende Felsen und tiefe Taleinschnitte wechseln einander in immer wieder überraschender Folge ab.

Die Elbe und ihre Nebenflüsse haben in Jahrtausenden aus den Sandsteinlagen mit eingelagerten, tonreicheren Zwischenschichten die charakteristischen Landschaftsformen herausgeschliffen, die den Reiz dieses Gebietes ausmachen.

Die Abtragung der ursprünglich zusammenhängenden Sandsteinplatte ist am deutlichsten in der Region links der Elbe sichtbar, wo sich die „Ebenheiten" das sind die relativ flachen Plateaus um die „Steine", die herausragenden Felsen, heraus gebildet haben.

Blick von der Felsenburg Neurathen zur Basteibrücke und zum Bastei Aussichtspunkt, 190 m über der Elbe

Das Elbsandsteingebirge ist heute ein Teil des Nationalparks Sächsische Schweiz. Das heißt, dass die Natur und ihr Erhalt Vorrang vor wirtschaftlicher Nutzung und Erschließung hat.

Vorgänger des Nationalparks war ab 1956 das Landschaftsschutzgebiet Sächsische Schweiz. Damals wurden fast 400 km² des Elbsandsteingebirges unter Schutz gestellt. Schutz der Landschaft bedeutet aber auch, dass einige Gebiete der Sächsischen Schweiz für die Besucher nur auf markierten Wegen und Stegen zu begehen sind. Durch diese konsequente Haltung der Verantwortlichen kann verhindert werden, dass der Mensch dieses einzigartige Landschaftsdenkmal durch seine pure Anwesenheit unwiederbringlich zerstört.

Fast alle attraktiven Ziele der Region sind auf diesem Wegweiser versammelt, von der Bastei bis zum „Steinernen Tisch“, der 1710 anlässlich einer kurfürstlichen Jagdgesellschaft errichtet wurde. All’ diese Sehenswürdigkeiten sind über gut gekennzeichnete Wanderwege zu erreichen.

Wandern in der Sächsischen Schweiz gehört zu den schönsten Möglichkeiten, die Natur intensiv zu erleben. Nirgendwo in Deutschland findet sich Vergleichbares. Die Vielfalt der Wandermöglichkeiten wird schon allein durch die Länge der gekennzeichneten Wege deutlich. Wer alle Routen erleben möchte, ist gut 1200 km unterwegs.

Die Felsnadel „Mönch“ der Felsenburg Neurathen trägt auf ihrer Spitze eine Metallfigur, den „Felsenwächter“.

Vom Amselgrund führt diese mächtige Natursteintreppe hinauf zu den „Schwedenlöchern". Dies ist der Weg von Rathen zur Bastei hinauf. Die „Schwedenlöcher" haben ihren Namen aus der Zeit des Dreißigjährigen Krieges, als sich dort die Bevölkerung vor den anrückenden schwedischen Truppen in Sicherheit brachte.

Beim Aufstieg zu den Schwedenlöchern lassen sich besonders gut die Klüftungen und Schichten der Sandsteinstruktur in der Sächsischen Schweiz verfolgen. Ein Beispiel dafür ist der Kletterfelsen „Schwedenturm", der hier noch gerade eben links hervorschaut.

Der nachhaltige Schutz der Landschaft im Elbsandsteingebirge bietet für viele Pilz- und Pflanzenarten (unten) gesicherte Überlebensräume.

◀ *Schwedenlöcher und Amselgrund*

◀ *Auch Pilze gehören zu der reichen Vegetation dieses einzigartigen Naturgebietes*

▼ *Digitalis, als Fingerhut bekannt, gehört auch zur vielfältigen Fauna*

Die Natur schafft in der bizarren Felslandschaft immer wieder überraschende Anblicke.

Felsmassiv „kleine Gans"

Falke

Dompfaff

Die Kleine Gans ist ein Teil der mächtigen Gans-Felsen oberhalb des Wehlgrundes. Die Abtragungen und Verwitterungen an den Gesteinsmassen führen immer wieder zu Felsstürzen und dem Zusammenbrechen von Sandsteinnadeln. So wurde hier ganz in der Nähe 1948 der Obere Ganskopf zerstört, der Neuberturm brach 1981 in sich zusammen. Die Barbarine am Pfaffenstein verdankt ihr Weiterbestehen nur umfangreichen, konservierenden Maßnamen.

Wir haben schon bei den Schwedenlöchern gesehen, dass die Sächsische Schweiz ein wichtiger Überlebensraum bedrohter Tier- und Pflanzenarten ist. Doch die Landschaft ist nicht nur Reservat, sondern auch Heimat für Greifvögel wie Falken (oben), Singvögel wie dem Dompfaff (Mitte) und die scheuen Iltisse (unten).

Iltis

Ihre Mächtigkeit wird auch durch den ausgewachsenen Baum auf der Gesteinsspitze mitte rechts deutlich.

Obwohl das Elbsandsteingebirge kein eigentliches Gebirge ist, hat es in einigen Bereichen fast alpinen Charakter. Hier wächst auch bisweilen der Sumpfporst (unten rechts) und die Wanderer können die artentypischen Kiefernsprossen entdecken. Sportkletterer finden an den ausgewiesenen Kletterfelsen vielfältige Möglichkeiten bis hin zu hohen Schwierigkeitsgraden (oben und rechts).

Die Felsenbühne im malerischen Wehlgrund liegt gegenüber dem Massiv der Kleinen Gans. Sie gehört zu den größten und schönsten Naturbühnen Deutschlands.
2000 Zuschauer haben hier Platz. Die Größe der Freilichtbühne macht es möglich, auch Theaterstücke mit großer Besetzung aufzuführen. Dazu gehört auch das „Wirtshaus im Spessart", von dem wir hier eine Szene sehen.

Neben unterhaltsamen Stücken werden auf dieser Bühne auch viele Klassiker aufgeführt. Wer sich auf ein Theatererlebnis auf der Felsenbühne freuen will, muss zunächst allerdings einen ca. 10minütigen Fußmarsch von Rathen aus in Kauf nehmen, denn zwischen dem Großen Wehlturm und der Kleinen Gans sind Autos unerwünscht.

Die Gierseilfähre verbindet die beiden längs der Elbe gelegenen Ortsteile Oberrathen und Niederrathen.

Dresden

Blick vom Amselsee auf das Felsmassiv der „Lokomotive", das seinen Namen der charakteristischen Form verdankt (links). Der Amselsee ist eine touristisch attraktive Abwechslung in der Landschaft. Er wurde 1934 künstlich angelegt und hat eine Länge von rund 500 m. Durch den Amselsee fließt der Grünbach, der bei Rathen in die Elbe mündet.

Auf dem See herrscht vor allem im Sommer lebhafter Bootsverkehr. Von hier aus hat man auch einen prächtigen Panoramablick auf die hoch über den Wald aufragenden Felsengruppen Talwächter, Mönch, Kleine Gans sowie den berüchtigten Höllenhund, die heute teilweise als Klettergebiete ausgewiesen sind. Das Erlebnis einer Fahrt mit einem der Ruderboote über den See sollte man sich vor allem im Sommer nicht entgehen lassen.

◀ *Amselsee und „Felsenlokomotive"*

Die seltene Wasseramsel (rechts) mit der auffallenden milchweißen Brust und den hohen recht starken Beinen haben dem Amselsee und dem Amselfall unterhalb der Schwedenlöcher ihre Namen gegeben.

Die noch sauberen, klaren Bäche bieten der unter Naturschutz stehenden Wasseramsel ideale Lebensbedingungen. Zusammen mit den Eisvögeln, den Bachstelzen, den Bachforellen, Äschen und Elritzen ziehen die Wasseramseln viele naturbegeisterte Touristen an. Bei günstigem Wetter und vorsichtigen Verhalten kann der Naturfreund sie hier hervorragend beobachten

Die seltene Wasseramsel ▶

SCHÖNES POLENZTAL

Das Wandergebiet Hohenstein wird geprägt durch das tief eingeschnittene Polenztal mit seinen botanischen Kostbarkeiten. Unten sehen wir den „Polenztalwächter“, der von den Bergsteigern als hervorragender Kletterfelsen geschätzt wird. Im Polenztal lassen sich die geologischen Gegensätze des Elbsandsteingebirges erleben: Auf der einen Seite senkrecht aufsteigende Sandsteinfelsen, auf der anderen das weite hintere Polenztal mit seinen sanften Hügeln, die bevorzugte Standorte zahlreicher Pflanzenarten sind, so zum Beispiel der Märzenbecher (rechts oben), die hier ihr größtes Vorkommen im Freistaat Sachsen haben. Daneben finden sich vielfältige Krokusarten (Mitte) und die unter Naturschutz stehende Trollblume (unten), hier in einer im Gebirge vorkommenden Art.

Märzbecher ▲

Wilder Krokus ▲

▼ *Der „Polenztalwächter“*

Sumpfporst ▼

Der Grund des Polenztales ist zu einem großen Teil mit einem reichhaltigen Schluchtenwald aus Laub- und Nadelbäumen bedeckt, in dem es sich hervorragend wandern läßt. Besonders sehenswert sind einige Weißtannen, sozusagen die Urahnen unserer heute so beliebten Weihnachtsbäume.

Dass hier in der Region von kaum 500 m Höhe über dem Meeresspiegel überhaupt Gebirgspflanzen zu finden sind, liegt an dem besonderen Klima in den kühlen und feuchten Schluchten und Felsenkammern, in die nur selten ein Sonnenstrahl dringt. Dieses vegetationsprägende Eigenklima bezeichnet man als „Kellerklima".

Spricht man auf der Wanderung durch das Elbsandsteingebirge einmal mit Forstleuten, so bekommt man immer wieder zu hören, daß selbst biologisch weniger interessierte Touristen immer wieder von den Reizen der vielfältigen Tier- und Pflanzenwelt gefangen genommen werden.

Das verwundert nicht, denn nur noch selten kann man so wie hier im Polenztal zum Beispiel die unter Naturschutz stehenden Feuersalamander (oben) finden. Und in den feuchten und teilweise sumpfigen Gründen, Schluchten und wasserreichen Tieftälern leben zahlreiche seltene Kröten- und Froscharten (mitte).

Typisch für die Flora des Elbsandsteingebirges ist auch die Schwefelflechte (unten), deren größte Vorkommen allerdings in den für Touristen nicht zugänglichen Totalschutzgebieten liegen. Diese Gebiete sind eingerichtet worden, um der Natur Möglichkeiten zur Entwicklung völlig frei von menschlichen Eingriffen zu geben.

▲ *Feuersalamander*

◀ *Wasserfrosch*

▼ *Auf dem Felsen findet die Schwefelflechte gute Bedingungen*

Blick auf Stadt und Burg Hohnstein. Die kleine Stadt, hoch über dem Polenztal in bergiger Gegend gelegen, ist ein beliebtes Touristenziel in der Sächsischen Schweiz. Das Panorama wird beherrscht von der mächtigen Burg, die jahrhundertelang Verwaltungssitz des kursächsischen Amtes Hohnstein war. Mittelpunkt des Städtchens ist der Markt mit einer sehr schönen barocken Kirche und etlichen Fachwerkhäusern aus dem 17. Jh. Bis 1951 lag Hohnstein an einer eisenbahntechnisch hochinteressanten Schmalspurstrecke, die nach Kohlmühle im Sebnitztal führte.

Das „Felsentor" im Uttewalder Grund, ein beliebtes Malermotiv der Romantik

Vom Königstein bietet sich ein herrlicher Blick auf die Elbe und den Lilienstein

Der Lilienstein (S. 33) ist eine kompakte Gipfelplatte, die in einzelne Felsbastionen mit steilen Wandabstürzen von 60 bis 80 m hin zum Sockel zerfällt. Er ist ein typischer Tafelberg. Auf seiner Südseite steht der Rest eines großen Obelisken, die Wettinsäule. Dieses Ehrenmal wurde 1888 aus Anlass der 800-Jahr-Feier zum Bestehen des sächsischen Herrscherhauses Wettin errichtet (links).

Der Name des Liliensteines wird vom heiligen Aegidius (St. Gilgen) abgeleitet. Aufgrund seiner beherrschenden strategischen Lage wurde bereits um 1400 hier oben ein Militärposten eingerichtet. Mauerreste und Bodenfunde, z. B. am Westhorn, erzählen noch heute davon (unten). Von hier aus hat man zudem eine phantastische Rundsicht in die Sächsische Schweiz.

Diese Landschaft um den Tafelberg Lilienstein ist ungefähr 100 Millionen Jahre alt. Die Sandsteinregion schichtete sich aus Ablagerungen des großen Kreidemeers auf, das zu jener Zeit weite Teile Mitteleuropas bedeckte. Neben den Stein- und Tonflächen blieben auch abgestorbene Muscheln, Seeigel und andere Meerestiere zurück, die sich heute noch als Abdrücke, Steinkerne und Einschlüsse finden lassen. Sie sind der Beweis für die maritime Entstehung der Sächsischen Schweiz. Die Mächtigkeit der Ablagerungen betrug nach dem Rückzug des Kreidemeeres etwa 600 m. Allmählich verfestigte sich das entstehende Gestein. Zugleich begann dann die Erosion, die im Laufe der Jahrmillionen zu der heutigen charakteristischen Landschaft führte.

◀ *Die Wettinsäule von 1888*

▼ *Lilienstein, Westhorn*

Im Zentrum der Sächsischen Schweiz an einem markanten Elbbogen liegen Stadt und Festung Königstein. Die Stadt hatte in dem schmalen Flusstal nur wenig Ausbreitungsmöglichkeiten. Sie entwickelte kein geordnetes Straßennetz um einen zentralen Marktplatz. Das macht die Stadt sehenswert. Sie ist eng verbunden mit der hoch über ihr thronenden Festung, die bereits 1241 urkundlich erwähnt wurde.

Aufgrund ihrer zentralen Lage hat der Besucher von der Festung aus einen herrlichen Rundblick über das Elbsandsteingebirge. Die Anlage wurde um die Wende zum 17. Jh. vom damaligen Kurfürsten Christian I. zu ihrer heutigen Form ausgebaut. Die Festung beherbergte fast hundert Jahre lang ein Weinfass, das Raum für 250 000 Liter Wein bot. Historische Quellen berichten davon, dass es sogar einmal bis an den Rand gefüllt gewesen sei.

Die Festung mit Zugbrücke und Eingangstor. Dahinter liegen die Streichwehr, das Torhaus und das Kommandantenhaus (oben).

Bastei und Tor sind mit dem Kurfürstlich-Königlichen Wappen geziert.

Blick von der Festungsmauer mit dem sogenannten Seigerturm auf das Torhaus mit Streichwehr und Kommandantenhaus. Die ganze Anlage steht heute unter Denkmalschutz. Damit die Festung mit Wasser versorgt werden konnte, bauten Bergleute aus dem Erzgebirge um 1570 in mühsamer Handarbeit einen Brunnenschacht, der mehr als 150 m tief ist. Er lieferte noch bis 1967 Trinkwasser.

Die Luftaufnahme zeigt die Vielfalt der großen Anlage.

Das alte Zeughaus

Georgenburg

▲ *Blick von der Festung auf die Elbe*

▼ *Pfaffendorf und Pfaffenstein*

Blick auf den Pfaffenstein mit der Felsnadel, der 43 m hohe Barbarine.

Am Pfaffenstein gibt es heute mehr als 30 zugelassene Klettergipfel, die nicht nur für Amateur-Bergsteiger eine echte Herausforderung sind (oben).

Hier ist auch der berühmte Siebenschläfer zu Hause, Namensgeber für den 27. Juni. Regnet es am 27. Juni, soll angeblich 7 Wochen Regenwetter folgen. Seinen Namen hat er von einer alten biblischen Legende aus der Zeit der Christenverfolgungen im alten Rom. Ob unser kleiner Kletterkünstler (links) etwas davon ahnt?

◀ *Der kleine Siebenschläfer hat am 27. Juni gewissermaßen Namenstag.*

Die Spitze der Barbarine ist durch Blitzeinschläge so brüchig geworden, dass sie für das Klettern gesperrt werden musste.

Im Tal der Biela, die bei Königstein in die Elbe mündet, gibt es zahllose Naturschönheiten zu entdecken. Seien es besonders bizarr geformte Felsnadeln (oben links) oder vom Morgentau überglänzte Spinnenweben (oben rechts), seltene Schmetterlinge (Mitte rechts) oder immer wieder überraschende Panoramen von Sandsteinfelsengruppen (unten rechts). Die Gesteine in diesem Tal sind besonders verwittert und eigentümlich geformt.

Manche ihrer Namen sind der Griechischen Klassik entlehnt, so gibt es den Prometheus, den Artariastein oder die Herkulessäulen, die wir auf der gegenüberliegenden Seite in Großaufnahme sehen können.

Hier ein schönes Beispiel für die spezielle Architekturform des sog. Umgebindehauses

Blick über die Elbe mit Raddampfer.

Ortsteil Ostrau

Aufzug zur Ostrauer Scheibe

Bad Schandau mit Elbpromenade

„Sieben Brüderhäuser"

Kirnitzschtal-Klinik

Falkenstein

Die Schrammsteine sind eine stark verwitterte und zerrissene wilde Felsenwelt östlich von Bad Schandau. Sie gliedern sich in die vorderen Schrammsteine, zu denen auch der Falkenstein (links und Mitte) gehört, und die Hinteren Schrammsteine, die von den Affensteinen bis zu den Winterbergen reichen, die uns auf den nächsten Seiten begegnen werden. Mittig eine Panoramaansicht dieser wilden Steingebirge.

In Bad Schandau finden wir auch den sogenannten „Eiszeit-Markierungsstein, der daran erinnern soll, dass das Inlandeis der jüngsten Kälteperiode vor 450 000 Jahren in seiner südlichsten Ausdehnung bis hierher kam. Die Eisschichten schütteten manche Felsvertiefungen, die die Elbe und ihre Nebenflüsse bereits gegraben hatten, wieder mit Lockergestein zu. Diese Gesteine mit ihren Stauablagerungen auf den Oberflächen machten es später möglich, hier erfolgreich Landwirtschaft zu betreiben.

Schrammsteine

Ein wunderbares Naturerlebnis ist auch eine Wanderung im Gebiet der Affensteine.

Die Affensteine gehören zu den sog. Hinteren Schrammsteinen, die von hier bis zu den östlichen Winterbergen reichen

Das Kirnitzschtal bildet auf einer Länge von rund 10 km die Grenze zu Tschechien.
Dieser abgelegene Winkel der Sächsischen Schweiz ist ein Paradies für Naturliebhaber, lassen sich doch auch hier besonders schöne Beobachtungen der Tier- und Pflanzenwelt machen. So finden sich hier in den feuchten Gründen seltene Farn-Arten.

Wer Geduld hat, kann hier noch Schwarz- und Buntspechte, Wasseramsel, Gebirgsstelze und den Eisvogel entdecken. Auch gibt es hier Hirsche, Siebenschläfer und einige Fledermausarten.

Der Grund des Kirnitzschtales soll sich langsam wieder in einen ursprünglichen Urwald zurückentwickeln (oben). Deshalb stehen Teile davon unter Totalschutz und sind dem Besucher nicht zugänglich. Unter den Fichten in der Talsohle befinden sich Exemplare, die älter als 300 Jahre sind. Hier steht auch der älteste Baum Sachsens, ein 53 m hoher Riese direkt neben dem Wanderweg.

Die vom Menschen in Ruhe gelassene Natur entwickelt sich wieder zu einem ursprünglichen Gleichgewicht von Pflanzen und Tieren.

Vom Lichtenhainer Wasserfall geht es auf dem gut ausgebauten Wanderweg (links) immer bergauf bis hoch zum Neuen Wildenstein. Hier, rund 330 m über dem Meeresspiegel, stand früher die Burg Wildenstein, an die heute noch zahlreiche Reste wie Balkenlager, Mauersockel und Zisternen erinnern. Die Raubritterburg, zu Beginn des 15. Jhs. errichtet, wurde im Verlauf ihrer Geschichte restlos geschleift.

Heute bezeichnet der Wildenstein die große, nach zwei Seiten hin offene Grotte (unten). Von hier aus hat man eine prächtige Aussicht unter anderem auch auf die Affensteine, den Kleinen Winterberg und den Bloßstock. Dieser Panoramablick entschädigt vollauf für die Mühen des Anstieges hoch zum Wildenstein. Dieser Weg ist vor allem im Frühjahr und im frühen Herbst zu Beginn der Laubfärbung besonders empfehlenswert.

◀ *Wandern zum Neuen Wildenstein*

▼ *Herrlicher Ausblick vom Wildenstein*

▶ *„Kuhstall" heißt dieses Felsentor am Neuen Wildenstein*

Mitten im Nationalpark

Ein letzter Blick schließt unsere Wanderung durch das Elbsandsteingebirge ab.

Mit dieser romantischen Stimmung nehmen wir Abschied von diesem in Europa einmaligen Naturgebiet.